Des robots et des hommes written by Sophie Blitman and illustrated by Céline Manillier
© 2020 Éditions du Ricochet
All Rights Reserved.
Korean translation © 2021 by Gimm-Young Publishers, Inc.
Korean translation rights arranged with Éditions du Ricochet through Orange Agency

이 책의 한국어판 저작권은 오렌지 에이전시를 통해 저작권자와 독점 계약한 ㈜김영사가 소유합니다.
저작권법에 의하여 한국 내에서 보호를 받는 저작물이므로 무단 전재 및 복제를 금합니다.

로봇과 함께하는 세상

글 소피 블리트만 | **그림** 셀린 마니에 | **옮긴이** 권지현

주니어김영사

완전한 기계도, 완전한 인간도 아닌 존재!
신비롭고도 놀라운 이 오묘한 존재는 오랫동안 인간의 상상력을 자극해 왔어요.
그 존재는 바로 로봇이에요.

공상 과학 소설과 영화에는 착한 로봇과 악당 로봇이 자주 등장해요.
로봇이 등장하는 이야기는 실제 최첨단 기술에서 아이디어를 얻은 거예요.

인간은 아주 오래전부터 자신과 꼭 닮은 존재를 만들어 내려고 했어요.

18세기 프랑스의 한 천재적인 발명가가 로봇의 조상 격인 자동 기계를 만들었어요.
바로 자크 보캉송이라는 사람이었어요.
보캉송은 플루트와 북 같은 악기를 연주하는 자동인형을 발명했어요.
보캉송의 발명품 중 사람들에게 가장 인기를 끈 건
먹이를 소화해서 배설까지 하는 오리 기계였어요.

이후 공학자들은 계속해서 기계의 구조를 개선했고,
1950년대에는 최초의 로봇이 탄생했지요.

자동 기계(오토마타)

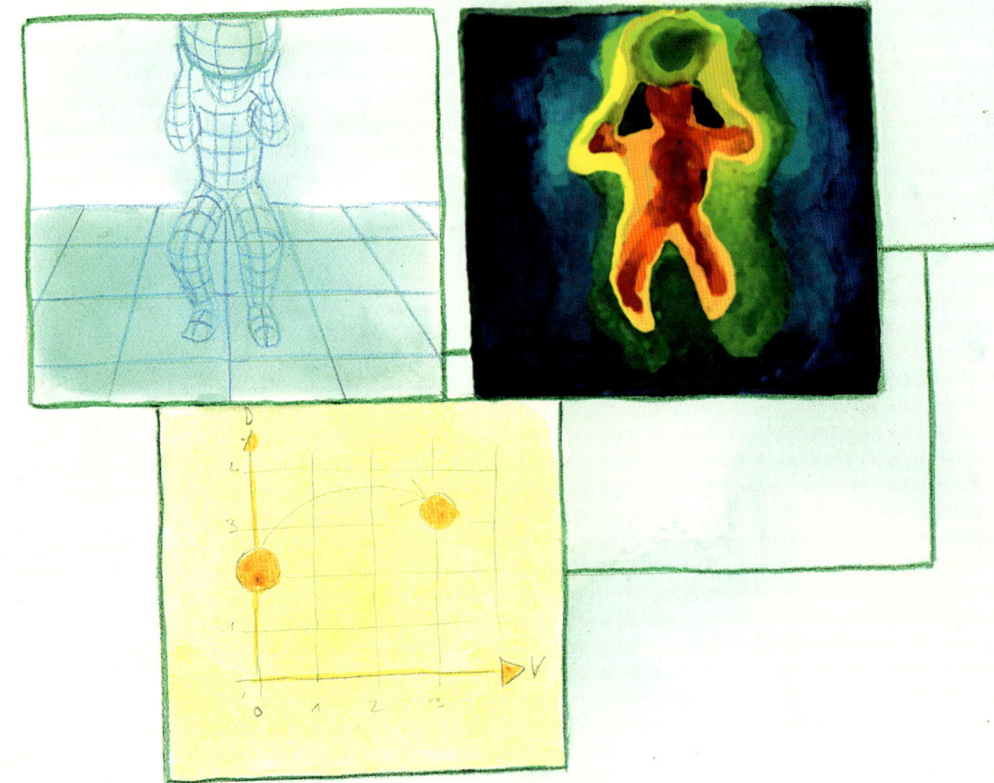

로봇은 단순한 기계가 아니에요.
한 가지가 아니라 여러 가지 일을 할 수 있기 때문이에요.
정보를 모으고, 분석하고, 스스로 움직일 수 있지요.

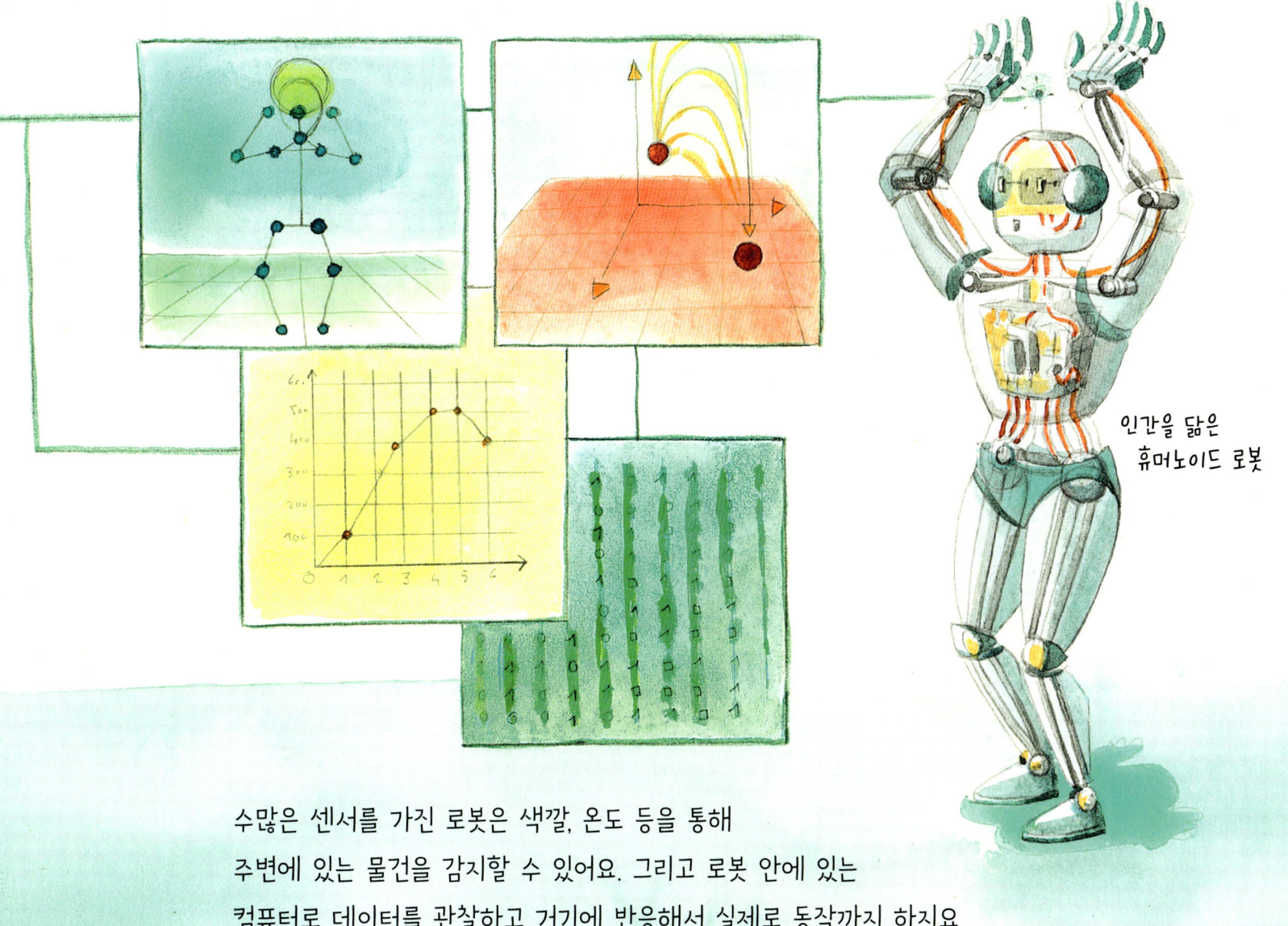

인간을 닮은 휴머노이드 로봇

수많은 센서를 가진 로봇은 색깔, 온도 등을 통해 주변에 있는 물건을 감지할 수 있어요. 그리고 로봇 안에 있는 컴퓨터로 데이터를 관찰하고 거기에 반응해서 실제로 동작까지 하지요.

시간이 지나면서 로봇의 기능은 점점 좋아졌어요. 언젠가 인간처럼 생각하는 로봇이 나올지도 몰라요. 그런 로봇을 만들기 위해 우리가 인공 지능을 연구하는 것이지요.

로봇 공학자들은 연구실에서 매일 열심히 연구하고 있어요.
기계 공학에서 정보 과학, 설계부터 프로그래밍까지 도맡은
로봇 공학자는 혁명을 일으킬 주인공이에요.

운반

로봇은 힘들고 반복적이며 위험한 일을 인간 대신 해 주고 있어요.
로봇은 원래 그런 일을 하기 위해 만들어졌거든요.
처음에 생긴 로봇은 공장에서 일했어요.

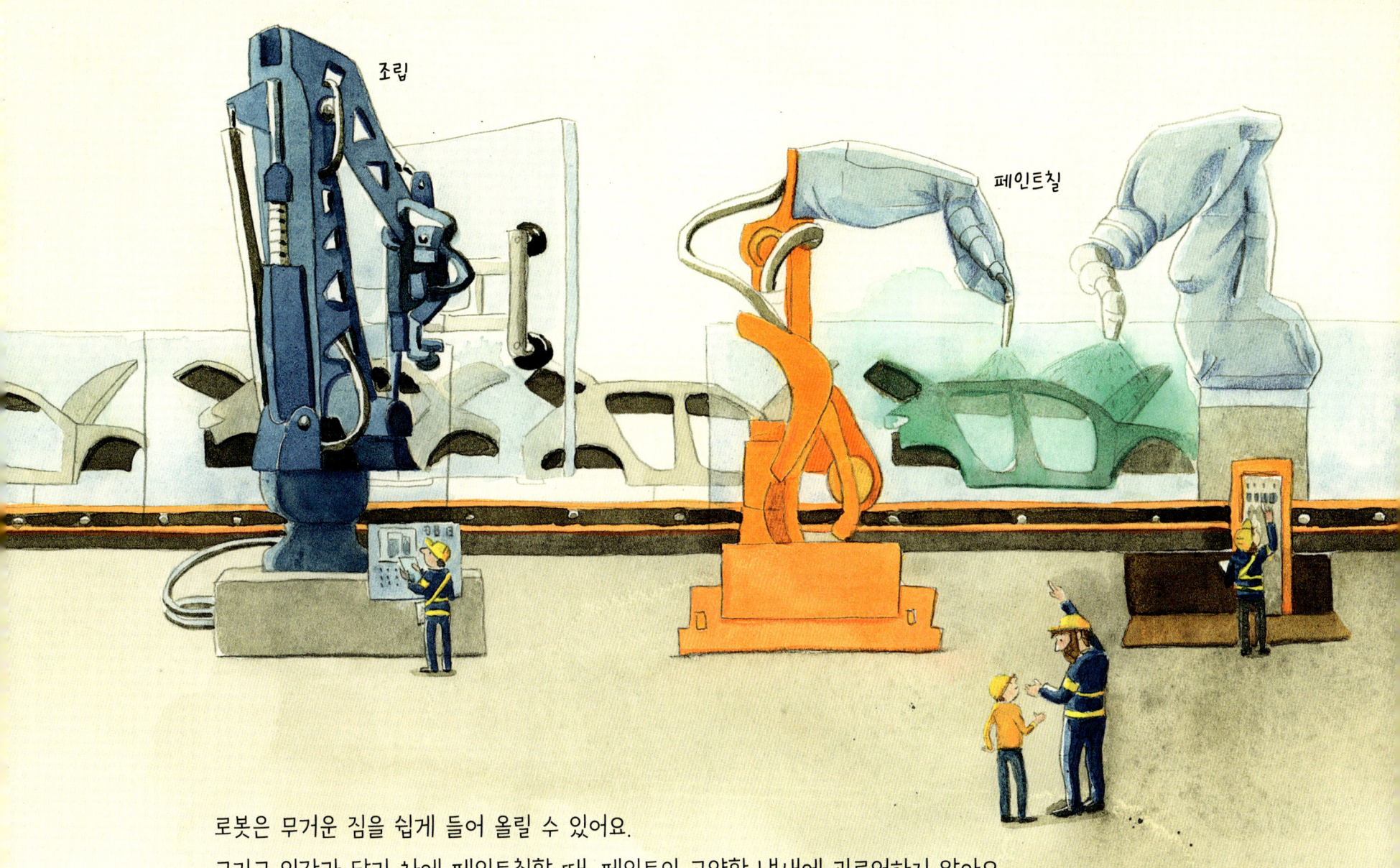

로봇은 무거운 짐을 쉽게 들어 올릴 수 있어요.
그리고 인간과 달리 차에 페인트칠할 때, 페인트의 고약한 냄새에 괴로워하지 않아요.
그래서 로봇의 이름이 '로봇'인가 봐요! '로봇'은 체코어로 '힘든 노동'이라는 뜻이에요.

산업 로봇 이후 가정용 로봇이 개발되면서 인간의 생활은 더욱 편리해졌어요.
집에 있는 로봇 청소기는 알아서 장애물을 요리조리 피하며
혼자서 청소도 잘해요. 유리창을 닦거나 잔디를 깎는 로봇도 있지요.

그렇다면 저녁을 준비해 줄 로봇으로 누가 있을까요?
저기 피자를 배달해 주는 드론이 보이네요! 음식을 배달하는 드론은
아직 자주 볼 수 없지만, 실제로 쓰일 수 있도록 계속 실험을 하는 중이에요.

인간은 하늘과 땅, 그리고 우주에도 로봇을 보냈어요.
20세기 말부터는 화성에 로봇을 보내고 있지요.

미국 항공 우주국(NASA)에서 쏘아 올린 큐리오시티호는 2012년에 화성에 착륙했어요.
붉은 행성에 네 번째로 내려앉은 이 이동형 탐사선은 무게가 1톤 정도 나가요.
화성의 암석 성분을 분석해서 과거에 생명체가 살았는지 알아보고 있어요.
인간은 그렇게까지 먼 우주에 가거나 화성의 혹독한 추위를 견딜 수 없어요.

로봇은 튼튼한 몸체를 갖고 있다는 것 외에도 장점이 많아요.
아주 정밀하게 움직일 수도 있어요. 외과 의사가 떨지 않고 정확하게 움직여야 하는
어려운 수술을 할 때 도와줄 수 있지요.

로봇의 정확한 계산 능력은 환자들에게 큰 도움이 되어요.
로봇은 그 누구보다 빠르게 환자의 진료 기록을 살펴보고, 분류하고, 비교할 수 있거든요.
통계 자료를 통해 질병의 단계를 예측하고, 수많은 치료법 중에서
환자에게 가장 알맞은 방법을 고를 수도 있지요.

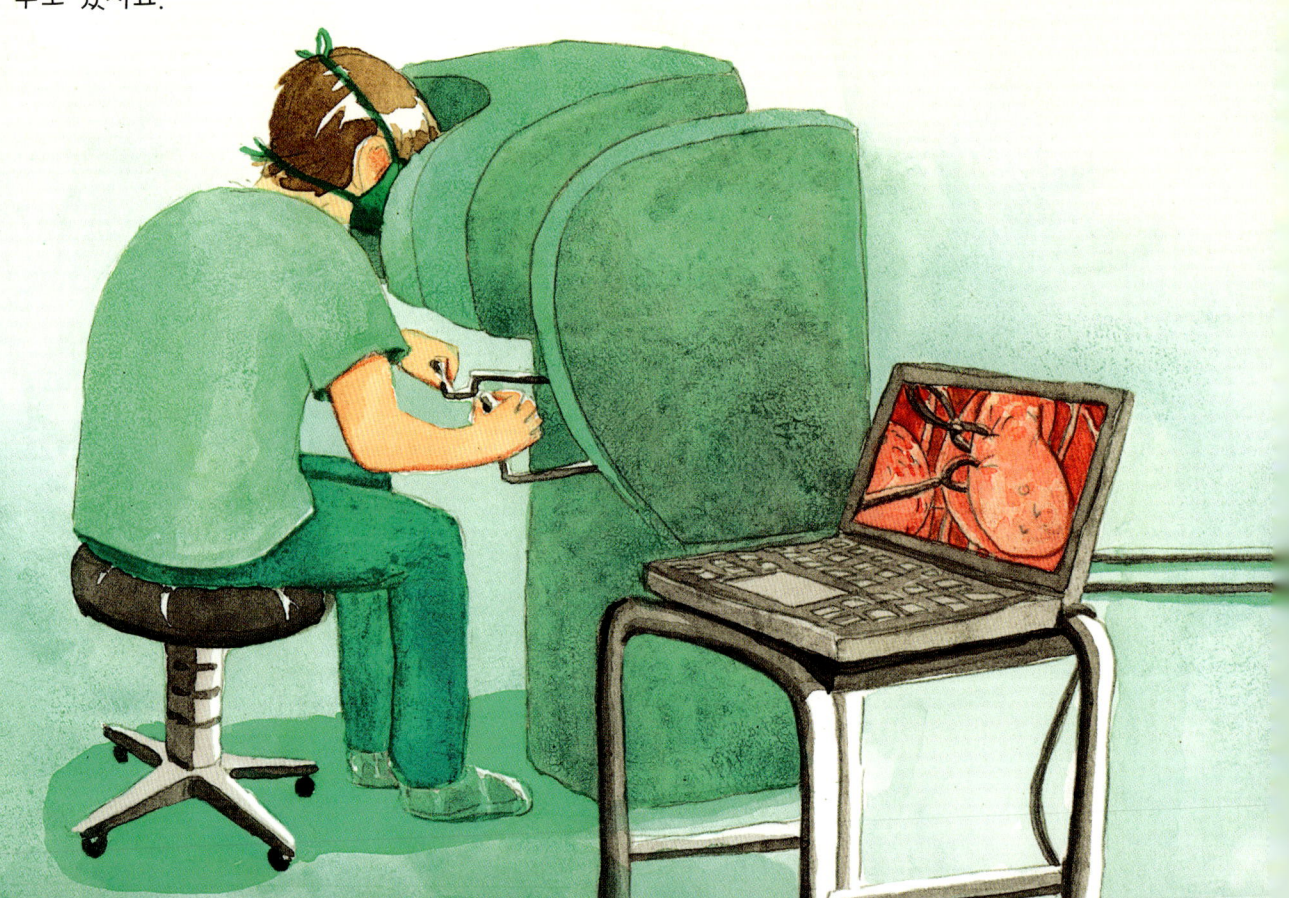

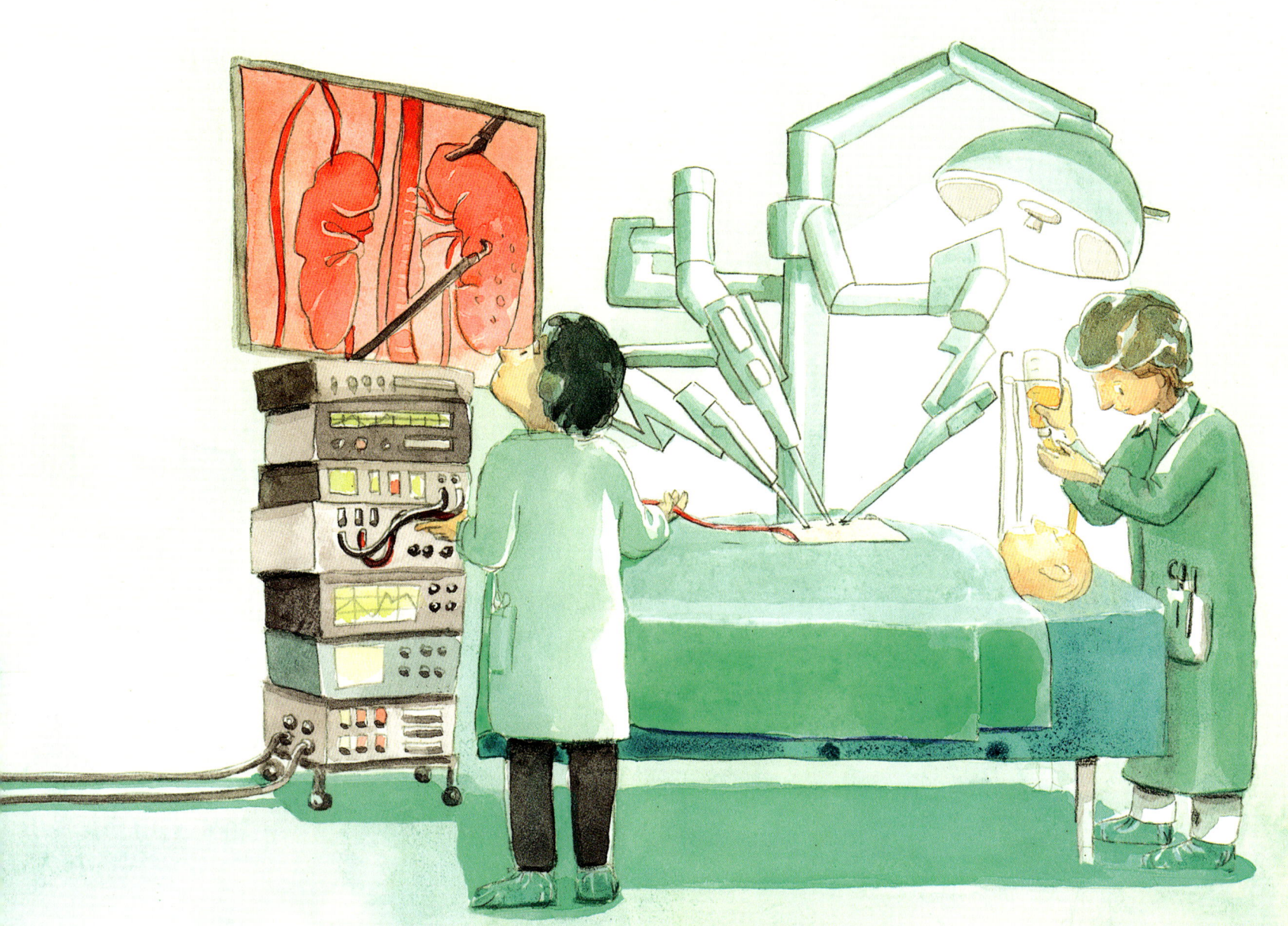

로봇의 발달로 인간의 삶은 계속 좋아질 테지만,
한편으로 로봇은 두려운 존재이기도 해요.
'로봇이 인간을 대체할 수 있을까?'
이런 의문이 자꾸 생기지요.

손으로 해야 하는 일도 그렇지만
기자, 교수, 판사와 같이 머리를 쓰는 직업도 로봇이 도맡을지 몰라요.
로봇의 지능은 무한대로 발전할 수 있으니까요.
예상하지 못한 상황에 적응해야 할 때 로봇은 더 유리하지요.

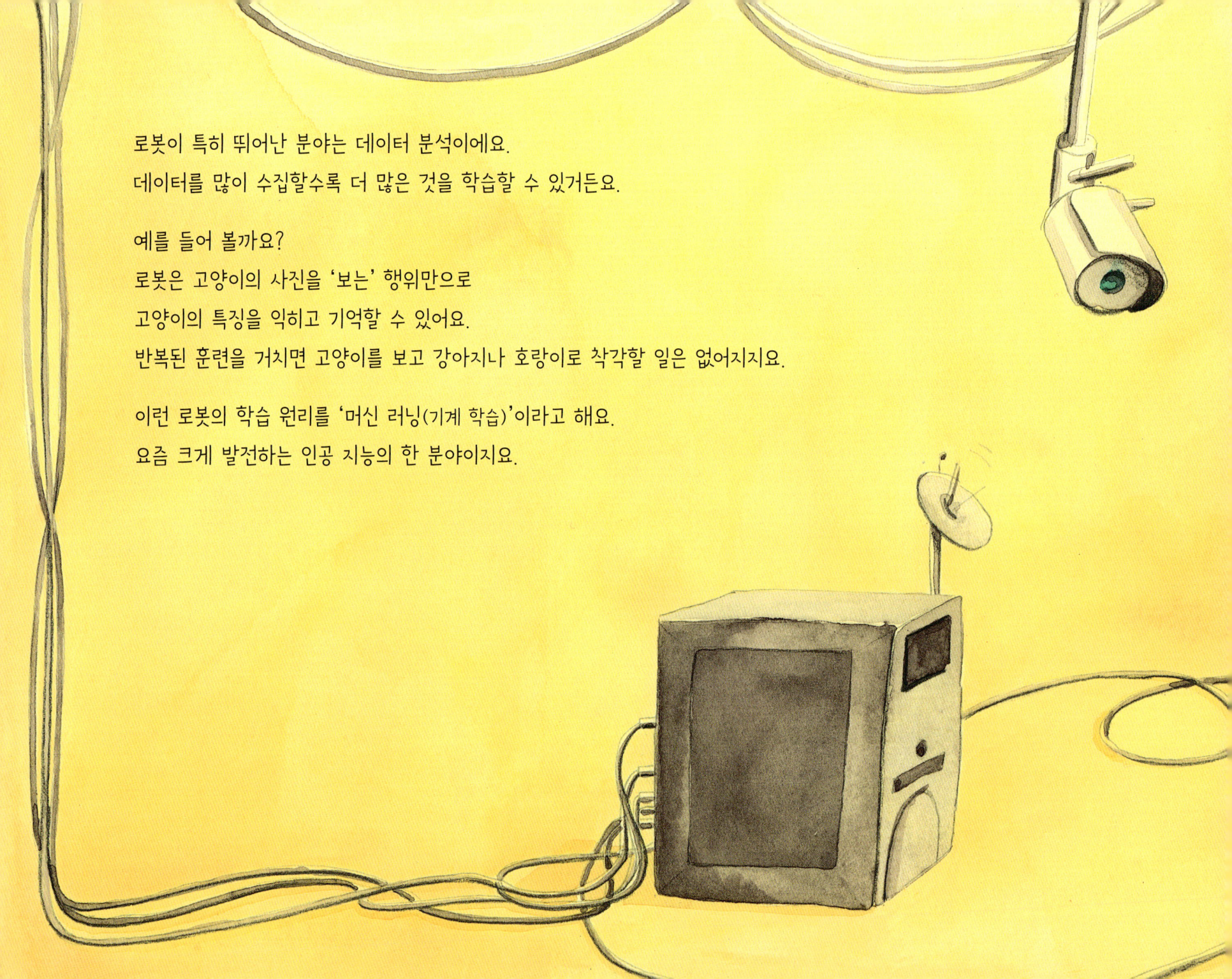

로봇이 특히 뛰어난 분야는 데이터 분석이에요.
데이터를 많이 수집할수록 더 많은 것을 학습할 수 있거든요.

예를 들어 볼까요?
로봇은 고양이의 사진을 '보는' 행위만으로
고양이의 특징을 익히고 기억할 수 있어요.
반복된 훈련을 거치면 고양이를 보고 강아지나 호랑이로 착각할 일은 없어지지요.

이런 로봇의 학습 원리를 '머신 러닝(기계 학습)'이라고 해요.
요즘 크게 발전하는 인공 지능의 한 분야이지요.

로봇은 머신 러닝 기술을 통해 체스와 바둑 두는 법을 배웠어요.
바둑은 검은 돌과 흰 돌을 가지고 두는 아주 복잡한 게임이에요.
자신이 가진 돌로 상대방의 돌을 에워싸야 이길 수 있지요.

바둑에서 이길 수 있는 조합은 수만 가지나 돼요. '알파고'라는 로봇은
그 조합을 모두 외워서 바둑을 둘 때 몇 초 만에 이길 수 있는 조합을 찾아내지요.
그러니 과연 누가 알파고에 대적할 수 있을까요?
2016년에 바둑 세계 챔피언도 알파고에 무릎을 꿇고 말았어요.

인간은 인공 지능의 성능을 높일 기회를 항상 엿보고 있어요.
새로운 아이디어를 끊임없이 내고 있지요.
심지어 축구를 하는 로봇도 발명했어요.
언젠가 프로 축구 선수들을 이길 로봇이 나올지도 몰라요!

1997년에 시작된 '로보컵'은 인간을 닮은 휴머노이드 로봇들이 벌이는
축구 월드컵이에요. 대회가 열리면 축구와 로봇을 좋아하는
수천 명의 사람들이 세계 곳곳에서 몰려와 로봇을 응원하지요.
로보컵은 2050년쯤 인간 대 로봇의 축구 경기를 여는 것이 목표예요.

인간처럼 행동하는 로봇을 만들고 싶었던 인간의 오랜 바람이
이제 현실로 이뤄질까요?

대화를 나누는 '챗봇'은 인간과 (거의) 똑같이 말하고
인간의 표정도 지을 수 있어요.
예술가 로봇은 기존의 작품을 따라 하는 데 그치지 않고,
새로운 작품을 창작해 내고 있지요.

하지만 인간과 로봇의 근본적인 차이는 사라지지 않았어요.
로봇은 감정을 느끼지 못하거든요.

아이들과 놀아 주고 환자와 노인을 돌보도록 개발된
로봇과 대화를 나누다 보면 꼭 인간과 소통하는 것 같기도 해요.

돌봄 로봇 안에는 카메라와 마이크가 들어 있어서 인간의 표정과 목소리를
분석할 수 있어요. 친절하고 상냥하게 반응하며 인간을 대하기 때문에
인간은 이 로봇에 애정을 가질 수 있지요.
그래도 진짜 인간과 나누는 소통을 잊어버려선 안 돼요!

로봇을 개발하는 과정에서 수많은 문제가 생기기도 해요.
기술적인 어려움도 많지만,
법 혹은 윤리와 관련된 질문이 대부분이에요.
도덕과 옳고 그름에 대한 문제이지요.
예를 들어 인간은 로봇에 뭐든 시켜도 되는 걸까요?
전쟁에 내보내는 일까지 말이에요.

교통사고가 일어나는 상황에서 '자율주행차'는 누구를 구해야 할까요?
길을 건너는 사람? 아니면 차에 탄 사람?
교통사고에 대한 책임은 누구한테 있을까요?
운전대를 잡지 않은 '운전자'한테 책임이 있을까요?
아니면 자율주행차를 설계한 로봇 공학자의 책임일까요?

자율주행차

놀랍도록 빠른 속도로 기술이 발전하며 로봇은 인간에게 많은 도움을 주었어요.
하지만 로봇의 지능은 결국 인간이 만들었다는 사실을 잊지 말아야 해요.
로봇에 대한 결정을 내리는 건 언제나 로봇을 만든 인간이거든요.

여러분도 로봇에 흥미가 생기나요? 그럼 로봇을 설계하고 작동하는 법을 배워 보아요.
로봇이 어떻게 움직이는지 이해하려면 로봇을 만들어 보는 게 가장 좋은 방법이니까요!

더 궁금한가요?

로봇은 세상에 많은 변화를 일으키고 있어요. 제4차 산업 혁명이라는 말이 나올 정도이지요. 18세기에는 증기 기관이 발명되면서 철도가 발달했고, 20세기에는 전기와 석유가 개발되면서 공장의 생산성이 높아졌어요. 2000년대에 들어서는 컴퓨터 공학이 크게 발전했지요. 그러면서 자동화 기술과 인공 지능이 발달했어요. 바야흐로 '로볼루션'이 일어난 거예요. '로볼루션'은 디지털 기술 분야의 사업가인 브루노 보넬이 만든 말로 '로봇robot'과 '혁명revolution'을 합친 단어예요. 글자 그대로 '로봇이 일으킨 혁명'을 뜻하지요.

로봇은 모든 분야에 빠르게 도입되고 있어요. 많은 전문가는 로봇으로 인한 변화가 엄청날 거라 내다보고 있어요. 아마 2040년이 되면 세상에 인간보다 로봇이 더 많아질 거예요. 2050년이 되면 자동차 열 대 중 여덟 대가 자율주행차일 거예요. 하지만 노동자 여섯 명 중 한 명은 로봇에게 일자리를 빼앗길 거예요. 좀 무서운 이야기이지요? 1차 산업 혁명이 일어났을 때도 사람들은 기계를 두려워했어요. 19세기 영국에서는 섬유 산업에 종사하는 노동자들이 실을 짜는 기계에 불만을 터뜨렸지요. 자신들의 일자리를 빼앗아 가는 기계를 부숴 버리기까지 했어요.

요즘 사람들은 로봇을 두려워하면서도 로봇에 흥미를 느껴요. 로봇이 의학과 과학 분야에서 놀라운 성과를 거두기 때문이에요. 또 인간의 행동을 비슷하게 따라하니까 친근하고 가깝게 느끼지요. 마치 로봇이 우리와 같은 인간처럼 느껴지는 것이에요.

그래서 로봇과 인간을 합치자는 주장도 나오고 있어요. 그런 주장을 하는 사람들을 '트랜스-휴머니스트'라고 불러요. 이들은 기술을 이용해 인간의 능력을 열 배 넘게 끌어올릴 수 있다는 꿈을 가지고 있어요. 그건 인공 망막으로 시력을 되찾거나 기계 팔로 절단된 팔을 대신하는 차원의 이야기가 아니에요. 인간의 능력을 '증강'해서 초인간을 만드는 것이지요. 예를 들어 생체 공학 렌즈를 눈에 이식해 어

둠 속에서도 앞을 볼 수 있게 한다거나 뇌를 인터넷에 연결하는 거예요.

이런 실험은 시작된 지 얼마 되지 않았어요. 그런데 인간은 그 실험이 성공해서 인간을 뒤바꿔 놓길 원할까요? 로봇은 결국 인간이 어떤 존재인지 묻고 있어요. 인간을 물리적으로, 그리고 철학적으로 어떻게 정의할 수 있을까요?

1950년대 영국의 수학자 앨런 튜링도 똑같은 질문을 던졌어요. 인공 지능의 선구자였던 튜링은 기계가 생각할 수 있는 존재인지 궁금해했어요. 그래서 컴퓨터가 인간처럼 생각할 수 있는지 알아보는 시험을 만들었어요. 심사 위원 한 명을 두고 그 사람이 진짜 인간과 컴퓨터와 따로 글을 쓰면서 대화를 나누는 시험이었지요. 심사 위원은 자신이 누구와 대화하는지 모르는 상태여야 해요. 대화가 끝나면 심사 위원은 상대가 인간인지 컴퓨터인지 말해야 해요. 만약 심사 위원의 30퍼센트 이상이 컴퓨터가 준비한 답변을 인간이 쓴 문장이라고 생각한다면 다음과 같은 결론을 내릴 수 있어요. 컴퓨터는 인간이 생각하고 표현하는 방식을 흉내 내, 인간과 '진짜' 대화를 나눌 수 있다고 말이에요.

튜링이 고안한 이 시험은 지금 인공 지능 분야에서 사용하고 있어요. 2014년 미국의 한 연구진은 컴퓨터 프로그램이 튜링 시험을 통과했다고 발표했어요. 이 발표가 아직은 정확하지 않을 수도 있어요. 하지만 시험을 거듭하면 몇 년 안에 확실한 결과가 나오겠지요. 인간을 닮은 로봇이 점점 많아지는 가운데, 로봇 설계에 어떤 법률이나 도덕적 잣대를 세울지가 갈수록 중요해지고 있답니다.

글쓴이 소피 블리트만

사범대학을 졸업하고 교사로 일했어요. 지금은 스위스에서 기자로 활동하면서 글을 쓰고 있어요. 생각과 감정을 정확하게 전할 말을 찾는 일에 관심이 많아 작가가 됐어요. 진짜 이야기든 지어낸 이야기든, 유명한 사람이든 평범한 사람이든, 모두 소중한 만남이고 멋진 발견이라고 생각해요. 지은 책으로 《열 살의 슈퍼 북》《만화로 읽는 니르바나》《나, 템바》《미션 화성》《자유로운 여자들의 초상화》 등이 있어요.

그린이 셀린 마니에

대학에서 미술을 공부하고 회사에서 그래픽 디자이너로 일했어요. 프리랜서 일러스트레이터로 활동하다가 어린이를 위한 글을 쓰고 그림을 그리는 일에 관심을 갖게 됐어요. 수채화 물감, 페인트, 커피 등 손에 닿는 모든 재료로 그림 그리기를 좋아해요. 그린 책으로《부글부글 끓다가 펑 터진 화산》《흔들흔들 뒤흔드는 지진》《모두를 위한 초록별 에너지 전환 이야기》 등이 있어요.

옮긴이 권지현

한국외국어대학교 통역번역대학원 한불과를 졸업한 뒤 파리 통역번역대학원(ESIT) 번역부 특별과정과 동 대학원 박사과정을 졸업했어요. 현재 이화여자대학교 통역번역대학원에서 강의를 하고 있어요. 외국의 좋은 그림책을 직접 찾아내 번역하기를 좋아해요. 번역한 책으로《할머니와 뜨개질》《아나톨의 작은 냄비》《오늘의 식탁에 초대합니다》 등이 있어요.

아시모, 딥 블루, 킬로봇, 메가봇, 니나, 페퍼, 소피아, 그리고 이 책의 그림에 영감을 준 모든 로봇에 감사의 말을 전합니다.

어린이공학자 09
로봇과 함께하는 세상

1판 1쇄 인쇄 | 2021. 11. 23.
1판 1쇄 발행 | 2021. 11. 30.

글 소피 블리트만 | 그림 셀린 마니에 | 옮긴이 권지현

발행처 김영사 | **발행인** 고세규
편집 김유영 | **디자인** 윤소라 | **마케팅** 서영호 | **홍보** 박은경 조은우
등록번호 제 406-2003-036호 | **등록일자** 1979. 5. 17.
주소 경기도 파주시 문발로 197(우10881)
전화 마케팅부 031-955-3100 | 편집부 031-955-3113~20 | 팩스 031-955-3111

값은 표지에 있습니다.
ISBN 978-89-349-4930-5 74500
ISBN 978-89-349-8354-5 (세트)

좋은 독자가 좋은 책을 만듭니다. 김영사는 독자 여러분의 의견에 항상 귀 기울이고 있습니다.
전자우편 book@gimmyoung.com | 홈페이지 www.gimmyoungjr.com

어린이제품 안전특별법에 의한 표시사항
제품명 도서 제조년월일 2021년 11월 30일 제조사명 김영사 주소 10881 경기도 파주시 문발로 197
전화번호 031-955-3100 제조국명 대한민국 ⚠주의 책 모서리에 찍히거나 책장에 베이지 않게 조심하세요.